LE PRESIDENT JEANNIN.

GALERIE UNIVERSELLE.

LE PRÉSIDENT JEANNIN.

La France avoit oublié les guerres du Milanois & la journée de Pavie, elle commençoit à jouir, sous un Prince Restaurateur des lettres, d'un état de tranquillité qui devoit bientôt cesser, lorsque naquit Pierre Jeannin.

Nommer les ancêtres d'un grand homme, ce n'est pas ajouter à sa louange, c'est rendre compte des motifs qu'il eut de soutenir une gloire acquise; c'est

A

annoncer que la fortune lui en offrit l'occasion, en le plaçant sur un grand théâtre. De tous les avantages de la naissance, Jeannin n'eut que celui qui peut mettre le génie à portée de se passer des autres, pour ne devoir qu'à lui seul son élévation, je veux dire l'exemple & les leçons d'un père sage. Sans la gloire de son fils, Pierre Jeannin, Echevin d'Autun, ne seroit connu que jusqu'où peut se répandre l'odeur d'une vertu simple, qui, plus heureuse peut-être en son obscurité, ne reçoit aucun éclat ni des dignités, ni des richesses.

Jeannin ouvroit à peine son ame à la sensibilité, qu'il vit sa Patrie, en deuil, pleurer sur le tombeau de François 1er la perte d'un de ses plus grands Rois. Il entendit de toutes parts retentir ces mots, présages trop assurés des malheurs dont il devoit être témoin : Qui pourra désormais arrêter la chaleur des partis, & prévenir les troubles dont la Religion nous menace?

Cependant, la discorde se cachoit encore sous un Prince à qui il ne manqua, peut-être, que de la redouter davantage, pour en étouffer à jamais le germe; elle creusoit sourdement la mine en attendant le moment de la révolution, & laissoit jouir d'une paix apparente pour la troubler avec plus de sûreté : calme trompeur fans doute, mais qui donna du moins au fage le temps de s'armer contre la tempête. Qui fçut mieux en profiter que Jeannin ? Car ne craignons point de nous arrêter à ce premier âge des grands hommes, puifque c'eft de cette fphère qu'ils font fortis tels que nous les admirons.

Appellé à la profeffion d'Avocat, Jeannin ne vit d'abord dans l'étude des Loix Romaines, qu'une formalité à remplir, pour obtenir un titre. Entraîné par le goût de la diffipation, il abandonna plufieurs fois l'école du plus célèbre Jurifconfulte qui fût alors dans l'Europe; mais chaque fois la bonté de fon naturel, & l'excellence de fon jugement, y laiffoient des traces plus profondes que la légèreté de fon âge. Au lieu des reproches que méritoit fa défertion, il n'éprouvoit, à fon retour, de la part du Maître & des difciples, que le plus tendre empreffement à le recevoir, & comme l'œil du génie mefure l'efpace avant de le parcourir, il apperçut bientôt dans cette précieufe collection des plus fages opinions de l'antiquité, tout ce que la juftice peut dicter de plus sûr, tout ce que la morale peut offrir de plus intéreffant, les leçons de la philofophie elle-même, qui abjurant les doutes infenfés de Pirrhon, le Dieu d'Epicure, la triste indépendance de Diogène, la pénible tranquillité de Zenon, & toutes les chimères de la spéculation, avoit porté sur les actions des hommes le flambeau de la vérité, combiné les moyens d'établir l'ordre avec l'existence nécessaire des passions qui tendent à le troubler, préparé des remèdes efficaces à des maux inévitables, & formé un code d'équité à qui l'admiration des peuples devoit un jour donner force de Loix. C'est à ce foyer de sagesse, si je puis ainsi parler, que l'ame de Jeannin s'épura.

Son entrée au Barreau fut comme un de ces rayons du matin qui annoncent tout l'éclat du soleil en son midi ; il y eut à traiter en arrivant les grands intérêts de la préséance entre deux Villes rivales ; & sa Patrie, dont il défendoit les droits, recueillit le premier fruit de ses travaux.

A quel point de gloire Jeannin n'eût-il pas porté l'éloquence du Barreau François, si la fortune lui eût permis de courir plus long-temps cette carrière, puisque ses rivaux même, étonnés de la rapidité de ses succès, le nommoient déjà l'Emule des anciens ! Mais la réputation qui emporte si souvent les hommes loin de leurs goûts, & au-delà de leurs projets, appella bientôt Jeannin à des fonctions d'un autre

genre : Conseil de sa Province, Député pour le Tiers-
Etat aux Etats-Généraux du Royaume, Orateur de la
plus grande partie de la Nation en ces Assemblées
augustes, ces titres qui flattent, d'autant plus qu'ils
annoncent une confiance plus générale ; ces titres aux-
quels le mérite seul ne peut prétendre, parce qu'ils sup-
posent encore la maturité de l'âge & les lumières de
l'expérience, qui sont, pour l'ordinaire, le prix tardif
d'une sagesse long-temps éprouvée, ne furent pour
Jeannin que l'occasion de mériter davantage, & les
degrés par lesquels il parvint au faîte des grandeurs.
Suivons-le dans cette route glorieuse, & puisque la
mémoire de ses vertus est liée à l'histoire de nos
malheurs, ouvrons les fastes de la Monarchie, & ne
craignons point de réveiller une sensibilité qui est
la plus précieuse leçon des cœurs qu'elle remue.

Le Royaume épuisé par les guerres, divisé par
les partis de Religion, en proie à l'ambition effrenée
d'une Maison qui ne respecta pas même le Sang Royal,
livré à toutes les fureurs de ses ennemis sous un
Prince foible par son âge, plus foible encore par
ses infirmités, venoit de tomber sous une Régence
incapable de détourner l'orage que tant d'années avoient
grossi, & qui devoit enfin éclater.... O France ! je

n'ai garde de ranimer les couleurs de ce tableau d'abominations, dont le seul souvenir effraie l'humanité, étonne l'univers qui te voit survivre à ses secousses, consterne tes habitans, & arrachera long-temps encore à leurs enfans des larmes de honte & de douleur. Passons rapidement sur ces temps de désastres que tu voudrois pouvoir effacer de tes annales..... Mais pourquoi détourner la vue de ce funeste spectacle, quand l'horreur qu'il inspire est peut-être encore le seul frein de notre férocité ? Nous devons nous en souvenir, disoit le Grand-homme dont je retrace les vertus, pour apprendre que cette violence ne servit qu'à ternir & diffamer l'ancienne candeur du nom François, chez toutes les Nations de la Chrétienté. Nous devons nous en souvenir, pour reconnoître, en cet exemple terrible, que la force n'enseigne jamais le vrai culte, & pour éviter un écueil contre lequel nous avons si souvent fait naufrage.

Le jour fatal est venu, le premier coup est porté, la France n'est plus qu'un théâtre de massacres & de trahisons. L'inimitié, l'envie, l'avarice, couvertes du manteau de la Religion, percent l'intérieur des Maisons pour exercer en son nom la vengeance, & assouvir la cupidité. Le vieillard n'est point respecté ;

l'enfant eſt immolé ſur le ſein de la mère, & la rage des meurtriers étouffe dans le berceau l'eſpoir des générations futures; le Citoyen éperdu abandonne ſes foyers, ſa retraite même le précipite au-devant des bourreaux; où fuiroit-il pour n'en pas rencontrer? Du ſein de la Capitale, inondée plutôt qu'abreuvée de ſang, la fureur gagne juſqu'aux extrémités du Royaume, le glaive de la proſcription eſt envoyé dans les Provinces; qui parera ce coup? Quelle main tutélaire arrêtera ces furieux? Jeannin veille ſur la Bourgogne, & la Bourgogne eſt préſervée, ſans autre caractère que celui d'un Sage qu'on conſulte, ſans autres armes que la force de ſon éloquence & les reſſources de ſon génie, ſans autres motifs que le ſoulevement d'un cœur indigné. Il parle, & le Meſſager de la mort n'oſe avouer en ſa préſence l'ordre ſanguinaire qu'il apporte; il rappelle la loi de Théodoſe, cette loi, le fruit du remords, qui défend aux Gouverneurs l'exécution précipitée d'un mandement de colère, arrête ceux qu'une aveugle obéiſſance entraîne; il réclame la forme légale de la volonté ſouveraine pour un acte de cette conſéquence, & l'ordre de ceſſer le carnage arrive avant qu'on en ait donné le ſignal.

Le calme ſuccède aux tempêtes que le Ciel envoie

sur la terre, & leur durée est plus courte quand elles sont plus terribles. Il n'en est pas de même de celles que les passions des hommes y agitent; semblable à une machine, dont le mouvement subsiste après la destruction du ressort qui a troublé son équilibre, l'orage gronde long-temps encore après le remords de celui qui l'a excité; c'est un feu qui consume jusqu'à sa cendre, & le désordre ne cesse que lorsque, parvenu au dernier terme, il a lui-même produit l'impuissance de le faire durer : ainsi cette sinistre journée devint le signal de toutes les guerres du XVIe siècle.

Le fanatisme armé pour punir l'erreur, avoit déployé de toutes parts l'étendard de l'hostilité; déjà la nécessité de la défense s'étoit changée en fureur de parti, & l'ambition fomentoit des troubles qu'elle regardoit comme les moyens de sa grandeur; aucun de ces motifs n'entra dans le cœur de Jeannin. Comme il dut tout à ses services, & rien à la fortune, la jouissance de ses biens ne porta point en son ame cette soif ardente de ses faveurs, qui croît à mesure que l'on réussit à la satisfaire. Élevé successivement, toujours à titre de récompense, toujours par la libéralité de son Roi, aux premières places du Sénat, il ne vit en

ce

ce surcroît de graces & d'honneurs que de nouveaux devoirs, & un rang qui, en lui donnant plus d'autorité, lui imposoit une obligation plus étroite de se consacrer au service de sa Patrie.

C'est à ces sentimens qui le guidèrent toujours dans les temps les plus orageux, qu'il dut cette conduite sage & modérée, qui le distingua au milieu même des factions où la vicissitude des évènemens l'entraîna; car, il faut l'avouer, enfin, Jeannin fut Ligueur; que dis-je, l'avouer, non ce n'est point une vérité que je voudrois taire, & que sa publicité m'arrache, je dois le dire, puisque sa Patrie eut à s'applaudir d'avoir trouvé un aussi grand Homme sous les drapeaux de ses ennemis : oui, Jeannin fut Ligueur, il fut attaché aux chefs de ce funeste complot, & ces circonstances, l'écueil de la piété de tant de Catholiques, de l'humanité de tant de Citoyens, de la fidélité de tant de Sujets, n'ont servi qu'à donner l'éclat de l'héroïsme aux vertus inaltérables de Jeannin.

Admis aux plus intimes secrets du Duc de Mayenne, c'est par l'ordre de Henri III, qu'il reste près de lui, non pas comme un vil délateur sous le nom de confident, non comme un odieux surveillant sous les dehors d'un ami, mais comme un conseil sage, éclairé,

B

le seul capable d'arrêter la fougue ambitieuse de ce génie inquiet.

Deux fois, il l'a rendu docile à la voix du devoir, deux fois, ranimé par ses frères, il a secoué le joug qu'ils ne pouvoient porter. Les cœurs séditieux ressemblent à des matières mal éteintes qui se rallument en se rapprochant. Jeannin le quitte enfin ; mais c'est pour rompre plus sûrement ses mesures, c'est pour négocier au nom de sa maison, & il prévient, par le Traité d'Epernay, les suites violentes de la conférence de Joinville.

Les rebelles étoient désarmés, le Monarque avoit signé des conditions de clémence, tout annonçoit qu'une paix durable seroit le fruit de ces conventions solemnelles ; mais la paix, ce nom sacré, ce nom à l'abri duquel le guerrier s'endort au camp de son ennemi, que le barbare même respecte, n'étoit alors qu'un piége, & ne produisoit qu'une perfide sécurité ; les hostilités recommencent, le sang coule à Blois, & le cri de la vengeance retentit au sein de la Bourgogne. Qui pourra, cette fois, braver le désespoir de Mayenne ; qui osera lui conseiller la soumission ; qui sera le garant de sa sûreté ? Jeannin ne l'abandonne point en ce moment cruel, son Roi lui commande ce service, une lettre de sa main auguste devient dans celles de Jeannin, le gage de la réconciliation; que ne doit-il pas attendre du zèle de ce Magistrat? Ah! Prince cessez de redouter des passions que Jeannin sçait maîtriser: heureux, si vous n'aviez eu d'ennemis que celui dont il étoit le confident, vous l'auriez vu, soumis à vos loix, sacrifier à son devoir ses plus vifs ressentimens! Déjà le fidèle Jeannin tenoit ce lion farouche enchaîné à l'obéissance, il le conduisoit aux pieds du trône; mais la troupe des factieux qui demande un chef, se grossit sur sa route, l'arrête à son passage, l'arrache à son vertueux Conseil, querelle sa foiblesse, & l'entraîne à la révolte.

Une nouvelle scène va s'ouvrir, scène horrible, qu'on ne peut se rappeller qu'en frémissant. La main sacrilège du fanatique a tranché les jours du Souverain; l'héritier légitime de la Couronne est forcé de conquérir ses Etats sur ses sujets; une partie de la France est en guerre avec l'autre; la superbe Maison d'Autriche croit entrevoir le moment de réaliser enfin la chimère de la Monarchie universelle, & la Religion prête son voile à ces abominations. Je l'ai dit, Jeannin fut Ligueur, je le redirai, pour faire voir que le grand homme laisse par-tout la précieuse empreinte de son caractère. Si Jeannin n'eût été que vertueux, il auroit eu sans doute le sort de tant de Catholiques de bonne foi, que la chaleur du zèle emporta à l'enthousiasme, parce qu'ils aimoient la Religion, & qu'ils trouvèrent dans leurs cœurs les sentimens qui n'étoient que sur les lèvres des factieux; mais trop éclairé pour ne pas pénétrer ce mystère d'iniquité, trop patriote pour le dissimuler, il arracha lui-même le masque à ceux dont il avoit suivi le parti.

C'est à Madrid, qu'il voit pour la première fois l'intérieur des cœurs François, tandis que Paris respecte encore des dehors imposans. Député en cette Cour, par un Conseil de séditieux, qui ne connurent que son génie, sans prévoir sa droiture, il parle des intérêts de cette Religion chérie.... A peine peut-il se faire entendre; l'ambition, enhardie par nos malheurs, a porté dans les esprits une effervescence qui trahit ses secrets; on ne s'occupe que de vues de politique; il n'est question que des moyens de les accomplir; ce n'est plus la destruction d'un schisme, c'est l'usurpation d'un trône que l'on médite. Quel François n'eût frémi à ces propositions? La sensibilité de l'ame, qu'il me soit permis de le dire, est en proportion de fa supériorité, celle de Jeannin demeure un moment partagée entre la surprise & la douleur ; avec quelle force ce Citoyen va peindre ce qu'il sent avec tant de vivacité ! Non, la prudence fait taire l'indignation; il cache avec soin cet amour de sa Patrie qui l'auroit rendu suspect; il feint d'approuver ces projets pour se conserver le pouvoir d'en différer la consommation, & il ne conclut que ce qu'il eût été plus dangereux de refuser.

Ce que Jeannin avoit eu l'art de cacher à l'Espagne, il eut le courage de l'annoncer à la France ; le même motif le guidoit en ces actes différens, motif glorieux, & qui fut toujours pour lui supérieur à la nécessité des mêmes évènemens : c'est par lui que tandis qu'il dissipe son patrimoine, & épuise par des emprunts réitérés le reste de son crédit pour soutenir son rang, il est le seul qui refuse constamment d'avoir part aux libéralités de la Maison d'Autriche, qui verse l'or avec profusion pour s'attacher les Ligueurs; c'est par lui que dans un Conseil des plus obstinés, dans un Conseil assemblé pour aiguiser de nouveau le fer des François contre leurs frères, il a la noble hardiesse de représenter à Mayenne qu'il doit mettre bas les armes, & reconnoître le Roi de Navarre.

Le péril le plus éminent, le défespoir du fuccès, rien ne peut ébranler cette fermeté. Jeannin arrive à Marfeille, & Marfeille n'eft plus à la France. Un Prince, dont les plus fortes armes étoient de vaines promeffes & de fecrettes intelligences, s'en étoit ouvert l'entrée. Il commandoit en maître aux Marfeillois foumis; mais ils vont recevoir un autre commandement, & c'eft Jeannin qui le leur donnera. Sera-ce au nom du Souverain? ils le méconnoiffent. Sera-ce au nom de la Ligue? elle favorife elle-même cette perfidie; c'eft au nom de la patrie qu'ils trahiffent, & dont tout citoyen peut réclamer les droits. Auffi intrépide que Camille renverfant au Capitole le Baudrier de Brennus, il brave l'ennemi triomphant, & accufe en fa préfence, la lâcheté de fes compatriotes. La troupe étonnée, inquiete, incertaine, refte comme involontairement attachée à fes pas; elle le fuit à la maifon publique, & la foule des habitans qui s'y porte au bruit de cette généreufe témérité, en groffiffant le nombre de ceux dont il va manier les cœurs, lui livre bientôt affez de bras pour effrayer l'ufurpateur. O fublime éloquence! c'eft-là, c'eft en ces occafions périlleufes, que tu fais connoître à l'Univers les miracles de ta puiffance, quand du sein du tumulte des séditions, la voix du génie s'élève pour ramener les hommes à la vertu ! C'est alors que tu mets dans la bouche du sage ce ton de véhémence qui couvre le murmure licencieux de la multitude, ces mouvemens impétueux qui agitent l'intérieur des consciences, ces traits de feu qui sillonnent les ames ! C'est alors que tu déploies ces ressorts vigoureux, que l'art du Rhéteur n'a point énervés, & qui mettent les volontés de ceux qui écoutent à la disposition de celui qui parle. Telles furent, dans la Grèce, les armes de Démosthènes contre Philippe ; telles furent à Rome celles de Cicéron contre Catilina ; telles furent à Marseille celles de Jeannin contre le Duc de Savoie, plus grand encore que les deux Orateurs de l'antiquité, puisqu'en défendant leur Patrie, ils combattoient sur le vaisseau qui portoit leur fortune & leur gloire, tandis que Jeannin, Ligueur, ne put sauver la Provence, qu'en étouffant le sentiment de son intérêt, & la crainte impérieuse de travailler contre lui-même.

Pourrois-je craindre de le dire après cela? Oui, Jeannin fut Ligueur, & il le fut pour le bonheur de la France. Il demeura parmi les factieux ; mais là, il servit plus utilement son Roi, qu'il n'eût pu le faire près de lui, parce qu'*éloigné de tout mauvais dessein, il accommoda toujours ses vœux, ses conseils, ses actions au bien général.*

Ainsi se peignoit lui-même ce généreux Citoyen, lorsque, dans le calme de la retraite, de même qu'un Pilote assis sur le rivage se plaît à voir sur les mers appaisées les flots qui l'ont menacé, il retournoit en arrière pour contempler les temps écoulés, & descendoit en son cœur, pour y goûter cette paix intime, qui est le prix d'une vie sans reproche.

Mais, qu'est-il besoin d'avancer le terme encore éloigné de sa carrière, pour y chercher un témoignage qui peut n'être, après tout, que l'illusion de sa bonne-foi? C'est le vainqueur de la Ligue lui-même que j'atteste, c'est ce Héros, qui, à peine assis sur son trône ébranlé, tandis que sa sévérité repousse avec indignation les lâches qu'il voit engraissés de la chose publique, du sang de ses sujets, du prix de ses revers, appelle Jeannin à sa Cour, répare sa fortune par ses bienfaits, comme s'il l'eût consumée dans ses camps, & ne croit pas pouvoir travailler plus efficacement à la splendeur du Royaume, & à la félicité de ses peuples, qu'en employant à ce grand
œuvre,

œuvre une vertu échappée à tant de périls, un génie éprouvé par tant d'obstacles.

 La face de la terre est changée, un nouveau règne commence, règne glorieux & paisible, qui doit effacer jusques au souvenir de nos disgraces, faire succéder l'ordre à la confusion, l'abondance à la misère, & procurer à la France le repos qu'elle a si long-temps desiré; mais qui ne sçait que cette harmonie n'est jamais que le fruit des travaux de quelques génies actifs, qui, sous les yeux du Souverain, conduisent les opérations secrettes du Gouvernement, & manient dans les Cours étrangères, les ressorts combinés de sa politique? C'est à ces fonctions pénibles & glorieuses que Jeannin va consacrer le reste de ses jours. Elevé par son Roi à la première charge de Magistrature de sa Province, il ne lui fut pas même permis de s'éloigner de sa personne, pendant le peu de temps qu'il conserva le titre honorable de Président du Sénat; on eût dit qu'il ne lui avoit été donné que pour effacer tous les nuages que l'erreur ou l'injustice pouvoient répandre sur sa fidélité, pour lui faire de cette dignité un bouclier contre la calomnie, pour annoncer aux peuples ses vertus, & établir à leurs yeux, par l'éminence de cette place,

C

la confiance que le Monarque deſtinoit à l'homme d'Etat.

Qu'eſt-ce qu'un homme d'Etat ? c'eſt un Citoyen que l'eſtime du Prince appelle auprès du trône, pour l'aider à ſupporter le fardeau de ſa puiſſance, pour partager avec lui les travaux de la Souveraineté. Tel eſt le privilége des Rois, privilége que la néceſſité a introduit dans les grands Empires, de ne ſe réſerver que la légiſlation & le commandement, & de laiſſer à leurs Conſeils les détails de l'adminiſtration; de toutes les facultés de l'ame, on diroit, ſi l'on peut ainſi s'exprimer, qu'un Monarque a droit de n'uſer que de la volonté.

Tel eſt au contraire le devoir d'un homme d'Etat, d'exercer par lui-même toute l'autorité dont il eſt dépoſitaire; il diſpoſe du bien d'autrui, lorſqu'il étend à d'autres une confiance qui n'eſt donnée qu'à lui, il eſt comptable & du mal qu'il a ſouffert, & du bien qu'il n'a pas fait; malheur à ceux qui trompent les Rois, malheur au Miniſtre qui ſe laiſſe tromper ! Il eſt reſponſable des fautes même qu'il aura commiſes par des ordres ſurpris; les Peuples ſeront en droit d'accuſer ſa partialité ou ſa négligence; & ſi leurs plaintes parviennent aux pieds du trône, le retour du Maître mieux inftruit fera la conviction de l'injuftice ou de la foibleffe de fon Confeiller.

La piété filiale, la tendreffe paternelle, l'intérêt de fes proches, les liaifons de l'amitié, la fenfibilité généreufe de la reconnoiffance, & tous les liens qui maîtrifent les volontés par des affections légitimes, font des vertus pour un Citoyen; ce font des écueils pour un Miniftre, parce qu'ils introduifent prefque toujours des diftinctions injuftes, des exceptions offenfantes, des dérogations pernicieufes, & que la première maxime de conduite d'un homme d'Etat, doit être de tout faire par des règles générales.

Il faudroit qu'il fût fans paffion; mais elles tiennent à l'humanité; & puifque le dernier terme de nos efforts eft d'en régler l'impreffion, en livrant à l'une tout l'empire que l'on veut ôter aux autres, il faut que celle de l'amour de la Patrie foit la feule qu'il éprouve, que celle de fa propre gloire lui foit fubordonnée; qu'elle faffe taire tous fes penchans; que par elle, il apprenne à juger d'un œil impartial toute la foibleffe de l'orgueil, toute la folie de l'ambition, toute la baffeffe de la haine, toute la honte de la molleffe.

Quiconque est capable de regarder comme le prix de la faveur, un titre qui suppose autant de vertus, qui exige autant de talens, qui impose autant de devoirs, ne sera jamais digne de l'obtenir, il n'en a point mesuré l'étendue, il n'a vu que la facilité d'en abuser; sa présomption l'éblouit, ou son cœur est follement enyvré du desir de dominer.

De même que l'institution, qui, dans l'origine, est l'ouvrage des Chefs, forme à son tour les Républiques, ainsi les motifs d'un Souverain dans le choix de ses Ministres décident nécessairement leurs vices & leurs vertus (1). Si son estime ne leur fait pas un

---

(1) C'est dans les crises Nationales, que le Patriotisme se montre avec toute son activité. Plus l'autorité arbitraire cherche à empiéter sur la liberté Nationale, plus il est instant de fixer le pouvoir Ministériel, & de l'enchaîner par des loix si sagement faites, qu'il ne puisse les franchir, sans s'exposer à la rigueur de ses mêmes Loix. Une Nation n'est libre, que lorsque la Loi ne connoît ni distinction de rang, ni cette faveur éphémère, que les courtisans de profession achètent ordinairement au prix de leur honneur. Ce souffle impur est au moral, ce que sont au physique ces épidémies désastreuses qui frappent de mort les corps, en leur laissant l'enveloppe apparente de la vie. Tant que des Ministres déprédateurs jouiront impunément de leur malversation, & qu'on ne les punira pas d'avoir mésusé de la confiance du Chef de la Nation, il en résultera tous les maux que les Etats-Généraux vont sans doute faire disparoître pour jamais. Cette époque, régénératrice pour les Finances de l'Etat,

titre pour lui résister, sa bienveillance ne leur impose que la nécessité de le flatter aveuglément : qu'il y

va être celle où l'intérêt particulier se taira volontairement pour le bien de tous. La *Noblesse* est disposée à faire les plus grands sacrifices; le Clergé en fera autant. Quant au Tiers-Etat, il ne cédera pas en générosité à ces deux Ordres. Qu'il soit traité avec cet esprit de justice, que des hommes libres doivent attendre d'autres hommes libres, c'est le cri unanime de tout bon François. Qui de nous n'a pas des liaisons, des affinités directes avec ce Tiers-Etat, si long-temps oublié. Qui de nous n'éprouve pas continuellement que cette classe est celle où l'on retrouve cette *bonhomie* antique, qui rendoit nos pères si recommandables. Qui de nous ne s'enorgueillit pas d'avoir appris à penser dans les chefs-d'œuvre de *Corneille*, de *Voltaire*, de *Buffon*, & d'une foule d'autres Grands Hommes, *tous nés dans le Tiers-Etat*. Disons-le hautement. Si l'esprit constituoit la Noblesse héréditaire, il n'y a pas de doute que le Tiers-Etat n'eût absorbé depuis long-temps tous les priviléges qui sont à la veille de cesser. Selon notre manière de penser, rien ne nous semble plus beau, que de voir le premier Prince du sang de France, représenter le Tiers-Etat, & ajouter, s'il est possible, au respect que son rang auguste inspire par le noble oubli qu'il semble en faire pour l'intérêt général. La Nation a droit d'attendre que ces Représentans feront disparoître les abus, & que chaque Province jouira enfin paisiblement de ses priviléges. Celle de Languedoc, à qui nous tenons par les liens les plus étroits, obtiendra, sans doute, une nouvelle reconstitution, pour ses Etats particuliers; elle a nommé des Députés pour en porter l'expression aux pieds du Monarque. Nos concitoyens, bien assurés de notre zèle patriotique, *nous ont choisi au nom des trois Ordres du Diocèse d'Agde*. Pour remplir cette mission honorable, nous regrettons vivement que les circonstances actuelles n'aient pas permis aux Ministres a loin de plaire & de servir ! Un intervalle immense sépare le favori & l'homme d'Etat, leur attachement même n'a rien qui se ressemble ; le premier ne voit que la personne du Maître, où le second ne connoît que la personne du Souverain ; l'un, esclave des premiers mouvemens de sa volonté, met son étude à satisfaire ses goûts, il encense ses caprices ; l'autre, organe fidèle de la vérité, juge avant que d'applaudir, & remettre avant que d'exécuter ; il suspend sa sévérité, ou tempère sa clémence ; il réveille sa justice, ou désarme sa prévention; il combat ses penchans par la voie de la raison & de l'équité : celui-là est le Ministre des plaisirs de l'homme, celui-ci est le Ministre de la gloire & des intérêts du Prince.

Alexandre aima Epheſtion, parce que Epheſtion aimoit Alexandre ; il aima Cratère, parce que Cratère aimoit le Roi & l'Etat, tous les deux lui furent chers; mais que le retour dont il paya leur affection fut

---

du Roi de s'occuper d'un objet auſſi capital. Mais nous attendons, avec une eſpérance conſolante, de voir réaliſer les vœux d'une des plus belle Provinces de France par les ſoins de ſes Repréſentans aux Etats-Généraux, & par la tendre ſollicitude du Chef de la Nation, qui a pris pour principe invariable que, régner ſur un peuple heureux, c'étoit régner doublement.

différent ! Il admit Epheſtion à la familiarité de ſes foibleſſes, il honora Cratère de la confidence de ſes projets. Quelle gloire pour le Monarque qui ſçait diſtinguer la complaiſance ſervile du zèle courageux ? Quel bonheur pour les peuples qui vivront ſous ſa loi ?

Un Prince à qui la poſtérité toujours juſte a conſervé le nom de père de ſes ſujets, ne pouvoit confondre ces deux ſentimens ; élevé loin du trône, dans les troubles & dans les haſards, l'idée de ſa grandeur ne fut point un préjugé de ſon enfance, l'habitude ne filtra point en ſon cœur l'yvreſſe de ſa puiſſance ; avant que d'avoir des courtiſans, il avoit connu des hommes, & l'adverſité lui avoit acquis l'avantage ineſtimable de les juger, ſans être ébloui par le maſque attrayant du flatteur, ſans être rebuté par la fermeté de la vertu. Ainſi une capacité reconnue, une application infatigable, une droiture éprouvée, enfin un vif amour pour la Patrie, ſentiment que de vains dehors & un enthouſiaſme médité n'avoient pas fait préſumer ; mais dont il avoit donné tant de preuves éclatantes, dont la ſincérité étoit garantie par des confidences interceptées ; voilà quels furent les droits de Jeannin à la confiance de Henri le Grand.

Quel précieux témoignage ne reçut-il pas de cette confiance, lorsqu'à peine admis au Conseil du Souverain, la publicité d'un secret important dénonça un perfide, & fit regretter à tous ceux que l'erreur pouvoit accuser, la gloire d'en avoir partagé le dépôt? tandis que la droiture ne fait encore que des vœux pour que le coupable soit connu, l'envie a déjà déterminé des soupçons, il s'élève un murmure, les yeux se tournent sur Jeannin, & semblent interroger son silence..... Il se taît; une conscience sûre n'éprouve en ces momens affreux qu'une froide indignation, & l'indignation est aussi muette que la conviction; il se taît, mais Henri parle & le venge: *Je réponds de Jeannin*, dit ce Prince avec cette assurance qui confond la calomnie; *voyez entre vous autres qui a révélé ce secret.*

Les vertus sont sans doute les qualités les plus essentielles à l'homme d'Etat, puisque, sans elles, les plus rares talens ne seroient entre ses mains que des armes d'autant plus dangereuses, qu'elles lui donneroient plus de supériorité; mais aussi que serviroient les vertus sans les talens? La nature avoit donné à Jeannin le génie des négociations; génie bien supérieur à cet art trop vanté de la politique,

qui

qui n'a pour objet que la surprise, qui ne connoît d'autres moyens que la ruse & l'intrigue, & dont le succès est presque toujours une trahison. Le grand homme dédaigne cet artifice, qui est la ressource des petites ames; assez prudent pour ne pas devenir leur dupe, c'est par l'estime, qu'il fait cesser la prévention; c'est par la franchise, qu'il force les autres à la bonne-foi : sûr après cela, de les amener où il desire par la lumière de la vérité & l'empire de la persuasion.

Jeannin avoit fait plus d'une fois, à la Cour même de Henri, l'épreuve de ce précieux talent; épreuves plus difficiles peut-être que la conclusion d'un Traité qui établiroit un équilibre général; on parvient à concilier les intérêts des Nations, à désarmer leur haine, à faire cesser leur rivalité; une convention réciproque unit plus d'une fois Rome & Carthage; mais qui eût entrepris de concilier Pompée & César? Le droit des Gens est sans force dans les guerres civiles, la vérité n'a plus d'accès où règne la discorde, & le crime que le rebelle s'avoue, devient pour lui le motif le plus impérieux de ne point rentrer dans les bornes qu'il se repent d'avoir franchies; c'est avec de tels hommes; c'est dans des circonstances aussi funestes, que Jeannin eut à négocier la paix de sa Patrie : Henri lui dut un moment la satisfaction de voir le plus obstiné des factieux recourir à sa clémence ; plaisir précieux pour un Monarque que la nécessité des temps forçoit à traiter avec ses sujets de leur obéissance, & qui ayant tant de qualités pour se faire craindre, ne vouloit employer que celles qui devoient le faire aimer.

La tranquillité intérieure du Royaume diminuoit les espérances de la Maison d'Autriche ; mais elle n'avoit pu lui faire oublier entièrement des projets qui, depuis si long-temps, flattoient son ambition ; semblable à un torrent qui élargit insensiblement son bassin pour rompre tout-à-coup la digue que l'on lui oppose, elle travailloit à réduire les Provinces-Unies sous sa domination. Les guerres les plus injustes ne manquent jamais de raisons secrettes & de prétextes apparens. La Hollande avoit osé lever sa bannière sur les mers de l'Inde, & commençoit à partager un commerce qui étoit la force de l'Espagne. Tel fut le crime de ce peuple laborieux, si c'en est un de porter dans des climats éloignés un superflu qui resteroit sans valeur, pour rapporter en échange des richesses dont la propriété est le fruit de la convention, & dont le prix n'eſt que l'effet de l'induſtrie qui les importe ; tel fut ſon crime au tribunal ſecret de la politique, tandis qu'elle le traitoit de rebelle aux yeux des Nations, & réclamoit hautement les droits d'une ſouveraineté imaginaire. Quarante ans de guerre n'avoient pu arracher à ce peuple le ſacrifice de ſa liberté; cependant cette longue réſiſtance n'avoit produit qu'un plus grand épuiſement ; & comme le dernier effort de celui qui reſte eſt l'époque de ſa défaite, s'il n'eſt le ſignal de ſa victoire, tout ſembloit annoncer la réduction des Provinces-Unies ſous la domination Eſpagnole. Ce danger eſt apperçu par Henri, il voit de loin le contre-coup que cet évènement peut porter à ſa Couronne ; il voit ſes alliés prêts à devenir ſes ennemis ; il voit la Maiſon d'Autriche aſſurée de l'empire des mers, enrichie des tréſors du Nouveau Monde, réuniſſant à ſes forces celles d'une partie de l'Europe aſſervie, écraſer l'autre de ſa puiſſance ; il lit dans l'avenir ces révolutions, & la ſituation du moment ne lui permettant pas d'en arrêter le progrès par ſes armes, il envoie Jeannin les prévenir par une négociation.

Quel plus noble emploi que de repréſenter le

Souverain, de parler au nom de la Patrie, de faire le fort des Empires, & d'être, en quelque forte, l'oracle & l'arbitre de l'Univers! mais auſſi quelle tâche! que de travaux à ſupporter, de reproches à prévenir, d'intérêts à concilier, d'obſtacles à vaincre, avant que l'eſpérance du ſuccès laiſſe goûter ſans effroi le ſentiment de gloire qu'inſpire la grandeur de ce miniſtère!

Lorſque Jeannin arrive à la Haye, on refuſe à ſon caractère la confiance due au Miniſtre d'un Roi protecteur & d'un allié, il perce le voile qu'on lui oppoſe; plus il examine la ſituation des affaires, plus il pénétre les diſpoſitions dès eſprits, plus il découvre de difficultés & de motifs de découragement. La ſourde politique a noirci, par des ſoupçons calomnieux, les vues ſages & magnanimes du Grand Henri, pour ôter aux Provinces cet appui qui les rend invincibles; à leurs yeux abuſés, ce Prince n'eſt plus qu'un ambitieux uſurpateur, ſon amitié eſt intéreſſée, ſes ſecours ſont ſuſpects, ſes offres cachent des piéges, & il ne défend leur liberté de la domination Eſpagnole, que pour les ranger enſuite ſous la ſienne; déjà la fauſſe terreur de cette perfidie, les a rendues elles-mêmes infidèles, & la trève eſt ouverte, ſans l'aveu de celui qui leur a donné les moyens de faire la guerre.

L'Anglois qui semble concourir à la défense de cette République, est secrettement porté à la trahir; le Prince qui gouverne ce peuple tant de fois accusé d'avoir sacrifié à ses intérêts la foi des conventions, est entièrement dévoué à la Maison d'Autriche, il est l'ennemi des Etats; & ses Ministres, ces hommes que les Rois appellent à leurs Conseils pour les aider de leurs lumières, & qui inspirent & décident presque toujours les volontés de leur Maîtres au gré de leurs affections personnelles, fomentent encore ce double motif de division entre la France & l'Angleterre. Quelle espérance après cela, de parvenir à ce concert des deux Nations, sans lequel le Négociateur ne devoit ni garantir la paix, ni assurer des forces pour la guerre!

Si Jeannin porte ses regards d'un autre côté, il voit de nouvelles ruses & de nouveaux piéges. Les Archiducs, par leur présence, appuient les fausses allarmes qu'ils ont affecté de répandre, ils gênent les suffrages qu'ils n'ont pu surprendre ou gagner; l'ennemi se prête en apparence à des propositions, il accepte des conférences, il accorde des articles, c'est pour avoir le temps de réparer ses pertes, & de rassembler de nouvelles forces, il se réserve un prétexte à la rupture qu'il médite, & la religion qui devroit être le lien des sociétés & des Empires, cette religion qui n'enseigne que l'humanité, qui ne conseille que la paix, doit encore cette fois servir d'instrument à l'ambition & à la politique.

Enfin, jusques dans l'intérieur des Etats, l'intérêt personnel a jetté des germes profonds qui s'opposent à l'intérêt général : point de résolution, si elle n'est unanime ; c'est la loi de l'union, & l'une des sept Provinces résiste ouvertement au desir commun de la paix ; chacune de ces Provinces voit elle-même s'élever en son sein des partis différens : car tel est le sort des Républiques, que si la multitude qui délibère, ne forme pas tout-à-coup le même vœu, la contrariété d'avis est presque toujours l'époque de la division ; le Citoyen qui ne sent que le poids des charges, fatigué de leur durée, effrayé de celles qui le menacent encore, veut acheter la paix par des sacrifices que l'Etat ne doit pas permettre ; celui que la guerre enrichit ou, dont elle favorise le commerce, en desire la continuation qui lui promet un accroissement de fortune ; mais que ce murmure secret d'une honteuse avarice est encore un foible obstacle, si on le compare aux cris véhémens de la passion de la gloire! Passion aveugle qui efface dans les cœurs qu'elle dévore, tout sentiment d'humanité, tout principe de justice; passion impérieuse, l'écueil des Conquérans, & qui tant de fois a déshonoré les plus sublimes vertus; le Héros qu'elle enyvre, n'est plus qu'un monstre de perfidie, il ne connoît de Patrie, que le champ qui lui offre des lauriers à cueillir, il ne connoît d'ennemis que le repos & l'obscurité qui le suit; plus cruel, & non moins méprisable que ces bateleurs qui ne nourrissent des animaux que pour offrir leurs combats en spectacle à la multitude, le genre humain n'est plus à ses yeux qu'un vil troupeau destiné à fournir des instrumens & des victimes à son génie destructeur. Le Prince Maurice sacrifie à cette idole des Chefs des armées, le bonheur de ses Concitoyens ne peut le dédommager de la puissance qu'il va perdre; il abuse de cette puissance acquise par de vrais services pour se la conserver injustement; & s'il s'oppose moins à la paix, qu'à une longue trève, c'est que, réduit à colorer ses démarches, il s'attache à combattre &

à éloigner ce dont la conclufion lui paroît plus facile & plus prochaine.

Ce fut dans ces conjonctures fâcheufes, que Jeannin eut le courage d'entreprendre, & la gloire d'exécuter un projet qui devoit régler le fort de toute la République chrétienne; il n'eft point d'obftacle dont le génie & la conftance ne puiffent triompher, lorfqu'un zèle fincère les anime & les foutient; trop fouvent ce zèle du Miniftre eft gêné par des inftructions méditées au loin, & qui font perdre l'avantage du moment, parce qu'elles n'ont pu prévoir la rapidité des révolutions; mais gardons-nous de confondre Jeannin avec ces hommes ordinaires qui ne font, à vrai dire, que d'aveugles coopérateurs de la politique des autres, & dont la prudence circonfcrit tous les pas, dans la crainte qu'ils ne s'égarent; fon Roi le connoît trop pour limiter fes pouvoirs; il ne lui écrivit jamais rien au fujet de cette négociation; il ne lui expliqua jamais fes propres intentions, qu'il ne l'enhardît en même-temps à fuivre une autre route, s'il la jugeoit plus avantageufe. Que ne puis-je retracer ici tous les détails de cette longue correfpondance, où, pendant l'efpace de près de trois années,

il

il préfente fous des noms myftérieux l'état actuel de toutes les Puiffances de l'Europe, démêle leurs intrigues, dévoile leurs projets, évalue leurs forces, où il rend compte de toutes fes démarches, communique toutes fes connoiffances, expofe ce que l'on doit craindre, annonce ce que l'on peut tenter, & indique les moyens qu'il juge préférables pour affurer le fuccès? Quelles vues fupérieures! quelle profondeur de politique! quels tableaux d'évènemens! C'eft à ce précis exact de fes travaux, que j'ofe appeller aujourd'hui ceux qui accusèrent témérairement la lenteur de fa négociation; qu'ils confidèrent l'étendue de la carrière qu'il eut à parcourir ; qu'ils comptent, qu'ils mefurent les écueils qu'il dut franchir; qu'ils fuivent, s'il eft poffible, toutes les gradations laborieufes de fa marche, & ils verront que cette négociation ne fut vraîment longue que pour le Souverain, qu'elle priva fi long-temps d'un fage Miniftre qu'il eût voulu employer par-tout; ils ne s'en appercevront que par le retour fréquent des expreffions flatteufes de ce Prince, & les regrets qu'il lui témoigna tant de fois de ne pouvoir conférer avec lui *bouche à bouche*, de toutes les affaires de fon Royaume.

E

Enfin, la trève est conclue à la satisfaction de toutes les Puissances; Jeannin met le sceau à ce grand ouvrage en conciliant les Princes divisés, en réglant les intérêts des grandes Maisons, dont les différends ne font que trop souvent obstacle à la prospérité des Empires, & prépare sourdement la destruction des Républiques; une confiance réciproque le rend médiateur de ces longues querelles, & ceux qui avoient posé le glaive à la voix du politique, soumettent le partage de leurs domaines aux lumières du Jurisconsulte.

C'étoit peu d'avoir réglé les intérêts humains, si ceux qui prennent leur source dans les consciences, & que le fanatique appelle divins, parce qu'il s'arroge le droit d'exercer la divine vengeance, pouvoient encore troubler la paix. Les Etats voyoient dans leur sein deux Eglises élevées au même Dieu; mais d'autant plus acharnées à se persécuter, que se glorifiant toutes deux de suivre sa parole, elles lui offroient une foi différente; la tolérance ne fut point une vertu dans le siècle de Jeannin; mais le caractère du grand homme est de résister aux mœurs du temps, & d'avoir les vertus de tous les siècles (1) : ce Catholique zélé rassemble encore les citoyens pour les porter à l'humanité & à la modération ; il les ramène à cette vérité de sentiment qui les touche également, *qu'on ne peut dire libres ni heureux, ceux à qui on ôte le pouvoir de servir Dieu, selon la religion, dans laquelle ils ont été instruits.* Il les réunit à ce précepte de charité, & le Chrétien fidèle entend avec admiration, cette bouche non suspecte, lui conseiller la fuite pour

---

(1) Il existe dans les Corps les plus augustes des esprits remuans, avides de toutes sortes de gloire, plus chauds de tête que de cœur, antagonistes décidés de toute opinion qui heurtent de front la leur. Ces mauvais génies parlent hautement de patriotisme, de renversement, de constitution, exaltent une Nation rivale de la nôtre, pour avoir un air de supériorité, qui, aux yeux de gens sensés, les fait precisément juger pour des êtres nuls. Le bon citoyen est celui qui cherche à servir sa Patrie par ses actions, & non par des déclamations qui affichent surtout l'homme, sans lui attirer les respects. Ces sortes d'enthousiastes sont perpétuellement affamées de célébrité ; ils sont plus convoiteux de couronnes, que dignes de les mériter : le mot d'humanité est perpétuellement sur leurs lèvres ; mais qu'on étudie leur vie privée, & l'on verra avec quelle cruauté ils traitent ceux qui, par leurs malheurs, avoient les plus justes droits à leur silence....... Magistrats de tous les pays, voulez vous fixer l'opinion publique, soyez des *Jeannins*.

conferver la pureté de fon culte, plutôt que d'altérer la tranquillité de fes frères.

Jeannin quitte les Provinces-Unies avec le titre glorieux de Fondateur de cette République ; le pinceau y retrace & multiplie fon image, pour éternifer fa mémoire, & attefter la vénération qu'il a infpiré à ces peuples. Ils regardent le choix que Henri fit de ce Perfonnage, comme l'un des plus grands bienfaits qu'ils aient reçu du Monarque de la France; leurs voix fe réuniffent pour lui en porter de particulières actions de graces. Si Jeannin leur eût permis de mettre un prix à leur reconnoiffance, il eût pu rapporter de grandes richeffes ; mais, tandis que le befoin le force à folliciter une fomme modique pour la dépenfe de fa route, ni l'exemple des Ambaffadeurs étrangers, exemple dont l'autorité n'eft que trop décifive, lorfqu'elle flatte, ni le ridicule infultant, dont l'avarice & l'ambition commençoient dès-lors à couvrir une vertu qu'elles ne vouloient pas imiter, ne purent affoiblir les fentimens de devoir, de probité & de défintéreffement qu'il trouvoit en fon cœur ; & des préfens qui lui étoient offerts de toutes parts, il ne crut légitimes, que ceux que fon Roi lui ordonna expreffément d'accepter.

Une autre récompense plus flatteuse attendoit Jeannin à la Cour de Henri le grand; c'est-là, qu'il va recevoir un prix plus desiré; un prix que, ni l'éclat de la renommée, ni le succès de l'ambition, ni le faste de l'opulence, ni le crédit fortuit de la faveur, ne peuvent jamais égaler, un prix qui ferme les blessures du guerrier, qui efface les dégoûts, qui change en transports de joie le souvenir des dangers & des peines, & ne laisse à celui qui l'a mérité, que le desir impétueux de faire encore les mêmes sacrifices : il va goûter cette douce satisfaction que la présence du Maître produit dans l'ame du sujet qui vient de le servir ; moment délicieux! sur-tout, lorsque la cérémonie n'en a pas fait les préparatifs, & que la sensibilité emporte les cœurs au-delà des bornes de la froide étiquette. Henri s'avance au-devant de Jeannin, il l'embrasse, & prenant la main de la Reine qui l'accompagnoit : « Vous voyez (lui dit
» ce Prince) l'un des plus hommes de bien de mon
» Royaume, le plus affectionné à mon service, le
» plus capable de servir l'Etat, & s'il arrive que
» Dieu dispose de moi, je vous prie de vous repo-
» ser sur sa fidélité, & sur la passion que je sçais
» qu'il a pour le bien de mes peuples..... ». Mais

quel murmure fufpend l'impreffion que ces paroles doivent porter dans tous les cœurs? Il me femble entendre la renommée de Sully démentir la vérité de ce confeil, & réclamer pour ce Sur-Intendant, le témoignage d'une confiance qu'aucun autre ne partagea jamais avec lui : que ceux qui éleveroient ce doute connoîtroient peu la fageffe & la prévoyance du plus grand Roi qui ait peut-être exifté ! Henri portoit fes vues au-delà du tombeau, il fçavoit que le moment qui l'y verroit defcendre, feroit l'époque de la difgrace d'un Miniftre que fa royale autorité avoit peine à défendre des cabales de la haine de ceux entre les mains de qui devoit paffer cette puiffance ; heureux de trouver le même génie, le même zèle, dans un homme que la Religion ne leur rendoit pas fufpect; dans un homme dont la vertu, plus modefte & moins fière, leur avoit infpiré moins de prévention & d'éloignement, il prefcrivoit ce choix parce qu'il le voyoit plus poffible, fans le croire moins avantageux ; & s'il eût eu befoin d'autres lumières que de fes propres connoiffances pour former ce vœu pour la France, Sully, lui-même, l'auroit déterminé ; Sully avoit connu & admiré Jeannin ; perfonne n'avoit mieux fenti toute l'importance de fa dernière négociation, il favoit combien il avoit fervi au traité de Vervins; ils avoient travaillé de concert à celui qui mit fin aux rufes du Duc de Savoye; fouvent il l'avoit défendu des propos des courtifans, fouvent il avoit foutenu fa conftance contre les dégoûts que l'envie lui fufcitoit, & la rivalité qui fembla quelquefois éloigner ces deux hommes véritablement grands, ne fut pas la feule preuve que le génie les rapprochoit; la franchife avec laquelle ils fe rendirent toujours juftice, annoblit ce fentiment qu'ils croyoient fe devoir, & qui les plaçoit au même rang.

J'en dis trop pour juftifier ce que l'évènement n'a que trop tôt confirmé; un dernier coup, & le plus terrible fans doute, étoit réfervé à la France. Un monftre que l'enfer a vomi fur la terre, un monftre allaité du venin de la difcorde, élevé par le fanatifme, exercé au facrilége, a arrêté le cours de fes profpérités; la France a perdu fon bon Roi, Sully a perdu fon cher Maître, & fa propre défiance lui ferme à l'inftant les avenues d'un trône que Henri n'occupe plus, elle fufpend tout-à-coup les larmes dont il court arrofer fon cercueil, & lui défend d'aborder une Cour d'où fon efprit a difparu : qui, dans ce désordre prendra soin de la chose publique ? Qui voudra servir de Pilote dans ce danger ? Ah ! Jeannin retiens ces gémissemens qui ne peuvent désormais acquitter ce que tu dois à la mémoire de Henri ; c'est ton activité qu'il réclame pour le salut d'un peuple qu'il a toujours si tendrement chéri, d'un peuple, dont l'intérêt étouffa, jusqu'à ses derniers momens, le sentiment de ses propres douleurs ; il a emporté parmi les ombres cette inquiétude paternelle qui te presse de le servir ; il n'est pas oublié, puisque les droits de l'estime l'emportent encore sur ceux de la faveur ; c'est son vœu, c'est son choix, c'est lui-même qui, par les mains de la Régente, te remet le dépôt des Finances du Royaume, dépôt précieux, le sang de la Nation, la base de sa puissance, le gage de sa félicité, reçois-le pour le soustraire à la cupidité qui le menace, reçois-le pour le mettre sous la garde de ta vertu ; il ne te sera pas libre d'ajouter à ces trésors par l'économie qui les a produits ; mais tu empêcheras qu'ils ne deviennent la proie de la rapine, tu ne seras pas maître de les conserver entiers, mais tu empêcheras que le coffre de l'épargne ne devienne un abîme où se perdent toutes les richesses de la Nation, un gouffre qui les reçoive

toutes

toutes pour les toutes engloutir, ils furent accumulés, ces tréfors, pour maintenir la balance contre la Maifon d'Autriche, & fonder une république univerfelle; tu ne rempliras pas ces vaftes projets, puifque la tombe à tout-à-coup enfeveli & le génie qui les avoit formés, & le bras qui en eût affuré le fuccès; mais tu défendras l'augufte rejetton de cette race de Héros, jufqu'à ce que l'âge ait rendu fa main affez ferme pour porter le fceptre des Lys; tu ne pourras aggrandir fon héritage, mais tu feras affez de le conferver; tu acheteras la paix de la France de ces deniers amaffés pour donner la paix à l'Europe; ta volonté ne fuffira pas toujours pour opérer le bien; mais ta réfiftance fuffira pour empêcher le mal; enfin, tu ne pourras faire tout ce que tu eus fait fous Henri; mais tu feras plus peut-être que Sully même n'eût fait fous une régence.

L'expreffion de ces vœux eft le tableau fidèle du Miniftère de Jeannin, Miniftère heureux, & tel que l'hiftoire de la minorité de nos Rois ne laiffe à celui qui veut comparer, qu'un fentiment de furprife & d'admiration pour le grand homme à qui la France dut cet état inefpéré de paix & de profpérité.

Dans ces temps de trouble & de confufion où

le gouvernement est sans force (1), & la politique sans objet, où l'administration n'a plus de règles, où les besoins sont sans bornes, dans ces temps où renaissent toutes les dissensions que l'on croyoit éteintes, où les intérêts se divisent, se croisent & se multiplient, dans ces momens que l'ambitieux attend pour se montrer, & dont le moins important veut profiter aussi par des allarmes, ce Ministre, sans cesser d'entretenir les mêmes troupes pour la succession de Juillers, sans discontinuer les entreprises intérieures, sans diminuer cet éclat qu'il importe de conserver à la Couronne, d'une main répand les richesses pour désarmer les mécontens, & attacher tous les Grands

---

(1) Nos pères ont gémi sur les malheurs de leurs temps. Ne pouvons-nous pas dire dans les circonstances actuelles, avec l'accent de la douleur, à nos compatriotes de tous les rangs : O François, cesse de t'enorgueillir de tes arts & de tes lumières, tu as tout perdu, puisque tu n'as plus de mœurs; l'audace & le vice trouvent un asyle jusque dans le temple de Thémis, la fidélité conjugale est frappée d'ignominie par les interprètes mêmes des loix; vertu bienfaisante qui, seul, promet des jours heureux aux ames sensibles, tu es donc maintenant condamné à gémir sous l'opprobre; fuis ces lieux où la débauche au front altier va désormais régner; mais non, entend la Nation émue de tes accens plaintifs. Bientôt, entourant ton Roi, elle sçaura rendre à ta gloire son antique éclat, & réduire en poudre ce corps sacrilège, qui ose souiller tes saints nœuds.

du Royaume à la fortune de l'Etat, de l'autre, allège le poids des impofitions, & fupprime toutes celles que les peuples n'avoient fupportées patiemment que dans la confiance de voir accomplir les glorieux deffeins du règne précédent ; prodigue envers tous ceux dont la fidélité attend quelque prix, & pour lui feul avare de ces mêmes biens, il partage un pouvoir qu'il peut fe réferver en entier ; il s'affocie des coopérateurs, non pour couvrir des abus par l'autorité ; mais pour prévenir le foupçon par la publicité ; il lève, lui-même, le voile qui couvre trop fouvent une geftion auffi étendue, il diffipe les ténèbres dont il eft fi facile de s'envelopper, il fuit l'ombre qui, feule, trahit le befoin de celui qui la cherche, c'eft aux Etats du Royaume affemblés qu'il porte & qu'il foumet le compte de fon adminiftration. Quel autre que Jeannin eût pu braver ainfi la lumière, & montrer une vertu auffi triomphante au milieu de tant d'épreuves difficiles?.....

.Mais ne calomnions pas l'humanité pour relever la gloire d'un mortel ; de tous ceux qui parviennent à ce faîte de grandeurs, il n'en eft point fans doute qui, même en méditant fa fortune, ne fe propofe la fplendeur de l'Etat ; mais qu'en prenant le gouvernail de

F ij

ce vaiſſeau qui porte la deſtinée des Empires, l'homme ordinaire, & le grand homme éprouvent un ſentiment différent!

Comme ſi Neptune l'eût armé de ſon trident, le premier croit tenir en ſes mains l'urne des flots, & les outres des vents, il ne connoît point d'obſtacle ſupérieur à ſa volonté; il marche ſans crainte, parce qu'il eſt ſans prévoyance; un revers le déſabuſe, & bientôt le découragement ſuccède à ſa téméraire confiance; bientôt étonné de l'impuiſſance de ſon art, interdit à la vue des éceuils qui l'environnent; incapable de ſe frayer une route nouvelle, il ſe laiſſe aller au haſard, le péril du moment devient ſa bouſſole, content de s'égarer & de tout perdre, pourvu qu'il échappe; le ſecond n'a deſiré le pouvoir que pour faire le bien; d'autant plus timide qu'il eſt plus éclairé, il ſent, en entrant dans la carrière, tout le poids de l'entrepriſe; il juge, il prévoit ce qu'il ne peut encore appercevoir, & ne reçoit qu'à regret un titre qui le plaçant, pour ainſi dire, entre l'olympe & la terre, lui préſente la difficulté continuelle de concilier les ordres de l'un, & les vœux de l'autre, & le charge en quelque ſorte de l'équilibre de l'Univers; celui-là ne voit que des soldats, des matelots, des manœuvres occupés à faire mouvoir sous ses ordres cette grande machine du gouvernement; celui-ci voit un peuple & des hommes, & loin de se croire le centre de leur activité, il pense que leur bonheur est son devoir, qu'il doit être le seul principe de ses actions, qu'il est le seul fondement d'une gloire solide, le seul titre qui puisse rendre légitimes & les honneurs dont il jouit, & les dons qu'il reçoit du Prince & de l'Etat.

Mais ce ne sont point les seules qualités de l'homme qui change le premier coup-d'œil qu'il porte sur les fonctions du Ministère; elles présentent autant de faces diverses que le temps peut avoir de vicissitudes, les Etats de révolutions, les circonstances de variétés; & pour ne parler ici que de celles que Jeannin éprouva, qu'elle différence d'être le Ministre d'un Roi, & le Ministre d'une Régente!

Là, l'autorité toujours entière, toujours rassemblée dans une seule main, soit que le Prince l'exerce lui-même, soit qu'il règne par celui à qui il la confie, peut entreprendre tout ce qu'elle juge utile, & exécuter tout ce qu'elle a entrepris; tout obéit, tout plie au nom d'un Maître que l'on respecte; la force réfulte de l'union, la foumiffion naît de l'ordre, l'ordre naît de l'unité de volonté; cette volonté détermine à fon gré le fyftême de politique, elle forme le plan d'adminiftration, & le fuccès ne dépend que du deffein.

Ici la foibleffe du Gouvernement ne laiffe prefque entrevoir que les défordres de l'anarchie, & la néceffité de lutter inceffamment contre l'indépendance; fa propre confervation abforbe toute fon activité, le terme de fa durée limite encore fa puiffance, il n'ofe pas même le bien fi l'évènement n'en eft prochain, il ne l'ofe pas, s'il n'eft fenfible à tous ceux qui s'en rendent arbitres, il ne le peut plus dès qu'il contrarie les intérêts particuliers, & le moindre inconvénient eft que chacun s'empreffe d'autant plus à profiter de la faveur, qu'il voit de plus près & avec plus de certitude, l'inftant de le perdre.

Le Miniftre qui prévoit & redoute une difgrace qu'il n'a point mérité, travaille bientôt à rendre jufte celle dont il fe croit menacé : Jeannin avoit vu de loin approcher celle que lui préparoit un ambitieux Etranger, mais il l'avoit vu fans éprouver ni cette crainte qui attiédit le zèle, ni ce retour fur fa fortune, qui eft toujours fuivi de lâches précautions, & il la reçut fans témoigner ce chagrin qui en augmente l'éclat. Que dis-je, il la reçut? Ah! ce fut moins la difgrace de Jeannin, que celle de la France entière ; qui pourroit en douter, lorfque je nommerai le Maréchal d'Ancre? Tel fut celui à qui la plus injufte faveur abandonna toute l'autorité ; tel fut celui qui gouverna l'Etat. Faudra-t-il que je rappelle ici toutes les voies odieufes d'intrigue & de cabale que ce Florentin mit en œuvre pour ufurper cette puiffance, la déprédation qu'il porta dans les Finances, fes attentats contre les Princes du Sang Royal, les guerres civiles qui durèrent, autant que fon adminiftration, l'afferviffement où il tenta de réduire fon Roi, la rébellion qu'il méditoit?... Non, l'indignation a gravé à jamais tous ces faits dans la mémoire de la poftérité, la tache que la vengeance du Souverain, la profcription de la Loi & la haine des peuples ont imprimée à ce nom trop fameux, fubfifte encore, & le fentiment d'horreur qu'il réveille n'a pas befoin d'être fortifié par des détails.

Le terme des profpérités du méchant arrive, & il eft le triomphe du Jufte : le Maréchal d'Ancre eft mort, avec lui tous les défordres ont difparu, l'autorité légitime reprend fes droits, la paix renaît, l'équité règne, la vérité se montre, & Jeannin est rétabli dans toutes ses charges, avec le titre de Surintendant des Finances. *Il est rare,* dit un Historien célèbre (1), *de voir un favori passer d'un règne à l'autre;* mais si les affections meurent avec les hommes, les droits de la vertu leur survivent, & leur impression est égale sur les générations qui se succèdent; Jeannin avoit plus de mérite que de crédit, il avoit toujours plus aspiré à l'estime qu'à la faveur, & les mêmes qualités qui l'avoient annoncé sous *Henri II,* sous *François II,* sous *Charles IX,* qui l'avoient élevé sous *Henri III,* qui lui avoient acquis la confiance du *Grand Henri,* qui la lui avoient conservé pendant les premiers temps de la Régence, lui méritèrent encore celle de *Louis le Juste.* Un homme utile l'est toujours, & il ne cesse d'être employé que lorsqu'il ne veut pas servir d'ombre au mal qu'il ne peut empêcher.... j'ajoute avec regret, ou lorsque la caducité de son âge le force à désirer la tranquillité de la retraite : il falloit le zèle de Jeannin pour commencer, pour ainsi dire, une carrière nouvelle, sous

---

(1) Le Président Hainaut.

ce nouveau règne, il fallut tout le courage de ce Vieillard pour le foutenir encore auffi long-temps dans les pénibles travaux de la Surintendance; mais ce courage qui ne fupplée les forces qu'en les épuifant, l'emporta trop loin; comme fi fa deftinée glorieufe eût été de ceffer de vivre au moment qu'il cefferoit de fervir fa Patrie, la mort le furprit formant le projet de chercher enfin le repos & la folitude.

Je me hâte trop, fans doute, de porter le cyprès fur fa tombe, tandis qu'il me refte tant de lauriers à attacher au trophée de fa gloire; mais où ne me conduiroit pas le deffein de les tous raffembler? J'ai peint Jeannin bon Citoyen, habile Négociateur, Politique profond, Grand Miniftre d'Etat : ce feroit ici le lieu de faire connoître l'homme; on aime à contempler la vie privée de ceux qui ont long-temps occupé la fcène; on fe plaît à les voir, à les retrouver dans leur domeftique, à les juger indépendamment de l'éclat des occafions; mais je le répète, Jeannin ne vécut jamais pour lui. Quelle peut être la vie privée d'un homme qui ne ceffa pendant plus d'un demi-fiècle d'avoir la plus grande part à toutes les affaires publiques? Où placer la vie privée de celui que le zèle ne laissa jamais à sa famille, qui croyoit devoir à l'Etat jusqu'au sacrifice des mouvemens de la nature, qui présida au Conseil, le jour même qu'il perdit son fils? Appellerai-je vertu privée cet amour de sa Religion, dont la France admira la sincérité, que l'Espagne étonnée lui vit concilier avec le Patriotisme, & la Hollande avec la tolérance? Appellerai-je vertu privée cette fidélité incorruptible, ce noble désintéressement qui ne lui permirent d'accepter ni les offres de ceux qui vouloient se l'attacher, ni les présens de ceux qui vouloient reconnoître ses services? Appellerai-je vertus privées cette pudeur naturelle qui l'empêchoit de solliciter les plus justes récompenses, cette philosophie qui, au milieu même des espérances, l'élevoit au-dessus du desir, cette généreuse modération qui lui fit refuser les Sceaux, pour les conserver à celui qui les possédoit, cette scrupuleuse sévérité qu'attestent sa vie sans faste, tant qu'il mania les Finances, & sa retraite sans fortune, après les avoir si long-temps administrées? Appellerai-je vertu privée cette franchise qui lui gagna tous les esprits, dont l'empreinte étoit sur son front, que l'on retrouvoit dans ses discours, qui caractérisoit ses écrits, & qui fit desirer à Henri le Grand, que sa vie fût écrite par cet homme, dont la postérité ne pourroit récuser le témoignage ? Appellerai - je enfin vertus privées cette douceur, cette égalité qu'il porta jusques dans les affaires, la fermerté avec laquelle il soutint, & les menaces de l'envie, & les coups de la fortune, son affabilité pour tous ceux qui l'approchoient, sa générosité envers les Gens de lettres qu'il sçut protéger sans les avilir ?..... Oui Jeannin eut toutes les vertus, & ces vertus firent toujours le sort de ses Concitoyens. Pourquoi la Nature ne produit-elle pas plus souvent de tels Hommes !

NOTES.

Pierre Jeannin naquit à Autun en 1540 de Pierre Jeannin, Citoyen, & Echevin d'Autun; son mérite l'éleva bien au-dessus du rang que sa naissance pouvoit lui faire espérer; on écrit à ce propos, qu'un Prince cherchant à l'embarrasser, lui demanda de qui il étoit fils, & qu'il répondit, *de mes vertus.* L'Auteur de la bibliothèque de Bourgogne rapporte une autre anecdote qui mérite d'être placée à côté de celle-ci : un riche particulier ayant entendu Jeannin discourir dans les Etats de Bourgogne, fut si charmé de son éloquence, qu'il résolut de l'avoir pour gendre; il l'alla trouver, & lui demanda en quoi consistoit son bien : *Voilà*, s'écria Jeannin, en portant la main à sa tête, & à une tablette de Livres, *voilà tout mon bien & toute ma fortune.*

Claude Thiroux, Editeur des Mémoires de Jean Munier, sur la Ville d'Autun, raconte que la mère de Jeannin avoit déclaré pendant sa grossesse, *qu'elle avoit songé plusieurs fois qu'elle avoit mis au monde un enfant revêtu d'une robe d'écarlate, & qu'un grand nombre de personnes s'étoient trouvées autour de lui qui l'avoient enlevé.* Rien n'étoit plus ordinaire alors que ces préfages merveilleux ; & ce qu'il y a de remarquable, c'eft que, quoique l'on commençât à les méprifer, ils ne laiffoient pas de faire encore affez d'impreffion pour en conferver la mémoire, & peut-être en préparer l'accompliffement dans le fens que l'imagination y ajoutoit. Jeannin (continue Claude Tiroux) eut toujours des preffentimens qu'il feroit élevé à de grandes dignités ; cependant il refufa d'apprendre fon horofcope d'un fameux Mathématicien, en difant qu'il ne croyoit pas que le deffein qu'il avoit dépendît de fes nombres. Quelque frappante que foit cette inconféquence, les exemples en étoient communs dans ce temps ; il eft certain que le Baron de Rofny s'appuya également de prédictions en exhortant fon fils à foutenir l'honneur de fa Maifon ; & le Duc de Sully avouoit que les prédictions de la Broffe, fon ancien Précepteur, ne lui fortoient pas de l'efprit, au point qu'il dit un jour au Roi de Navarre, en lui offrant de vendre fes futayes pour lui faire de l'argent ; *vous m'en donnerez un jour davantage, lorfque vous ferez bien riche, cela arrivera ; car j'ai eu un Précepteur qui avoit le diable au corps, qui me l'a prédit (Mém. de*

Sully). Qui pourroit assurer que ces pressentimens n'ont pas eu quelque rapport involontaire avec les projets & la conduite de ceux qui les éprouvoient, & qu'ils n'ont pas eux-mêmes contribué à l'évènement. L'indécision de l'esprit suffit pour livrer le cœur aux passions qui le flattent ; en vain le Philosophe Anaxagore expliqua à Periclès par des causes naturelles, le phénomène du Belier à une seule corne, il ne voyoit plus de prodige & conservoit l'espérance que lui avoit fait naître l'interprétation de Lampon. Le cœur d'Alexandre fermé à la superstition, lorsqu'elle combattoit ses projets, s'ouvrit à la crédulité toutes les fois que ses devins lui annoncèrent des succès.

Jeannin a été disciple de Cujas ; & ce ne fut qu'après avoir quitté deux fois son Ecole, qu'il se livra sérieusement à l'étude du Droit. Cette anecdote est tirée des manuscrits de M. le Conseiller de la Marre, pour la Vie de Cujas ; elle est rapportée dans la Bibliothèque des Auteurs de Bourgogne de M. l'Abbé Papillon : ce Bibliographe a cru que Pierre Jeannin avoit été quelque temps Procureur du Roi *en la terre de Sagey ou Sagy* ; ce fait n'est pas vraisemblable, il n'y a point de Procureur du Roi à *Sagey,* qui est près de Nolay, & la Châtellenie de Sagy est en Bresse; une ressemblance de nom a sans doute produit cette erreur, qui ne peut s'accorder avec les autres circonstances connues de la vie de Jeannin.

Jeannin fut reçu Avocat au Parlement de Bourgogne, le 21 Novembre 1569; il plaida sa première cause à l'audience publique, le 30 Janvier 1570, pour la Ville d'Autun qui disputoit à celle de Châlons la préséance en l'Assemblée des Etats, & l'emporta; il n'exerça cette Profession que pendant deux ans; mais ce fut avec tant de succès, que Charles Fevret a cru devoir lui rendre ce témoignage dans son Livre *de claris fori Burgun. Oratoribus.* « *Grandius aliquid, magnificentiusque intonuerat quam suæ aut antea ætatis oratores; & si ætatem & studium foro ornandæque facultati oratoriæ impendisset, priscorum gloriam potuisset & assequi, & æquare* ».

Il fut choisi en 1571, pour être le Conseil de la Province; il fut Député aux Etats de Blois pour le Tiers-Etat de la part de la Ville de Dijon, & l'un des deux Orateurs qui portèrent la parole pour le Tiers-Etat du Royaume : ce fut là qu'il commença à découvrir les desseins de la Maison de Guise, & qu'elle avoit pratiqué des menées pour faire demander par les Députés l'ouverture de la guerre contre ceux de la Religion réformée; les deux Chambres du Clergé & de la Noblesse, en furent d'avis; il fit tous ses efforts pour l'empêcher de passer dans la Chambre du Tiers-Etat; il parla le premier sur ce sujet, comme Député de la Province de Bourgogne, qui tient le premier rang dans ces assemblées; il opina avec force à ce que, sans prendre les armes, on se contentât des moyens dont l'Eglise se servoit ordinairement pour ramener en son sein ceux qui en étoient sortis; il employa les raisons les plus puissantes pour prévenir cette résolution, suivant l'instruction qu'il en avoit reçue de Henri III, qui s'opposoit à la guerre, & regardoit ce conseil violent comme une véritable faction; mais quoique cette opinion eût été approuvée par la pluralité de sept Provinces contre cinq, la prévarication du Député qui partageoit avec lui les fonctions d'Orateur du Tiers-Etat, & qui osa dire & prononcer le contraire, fut cause qu'il y eut délibération de faire la guerre.

FIN.

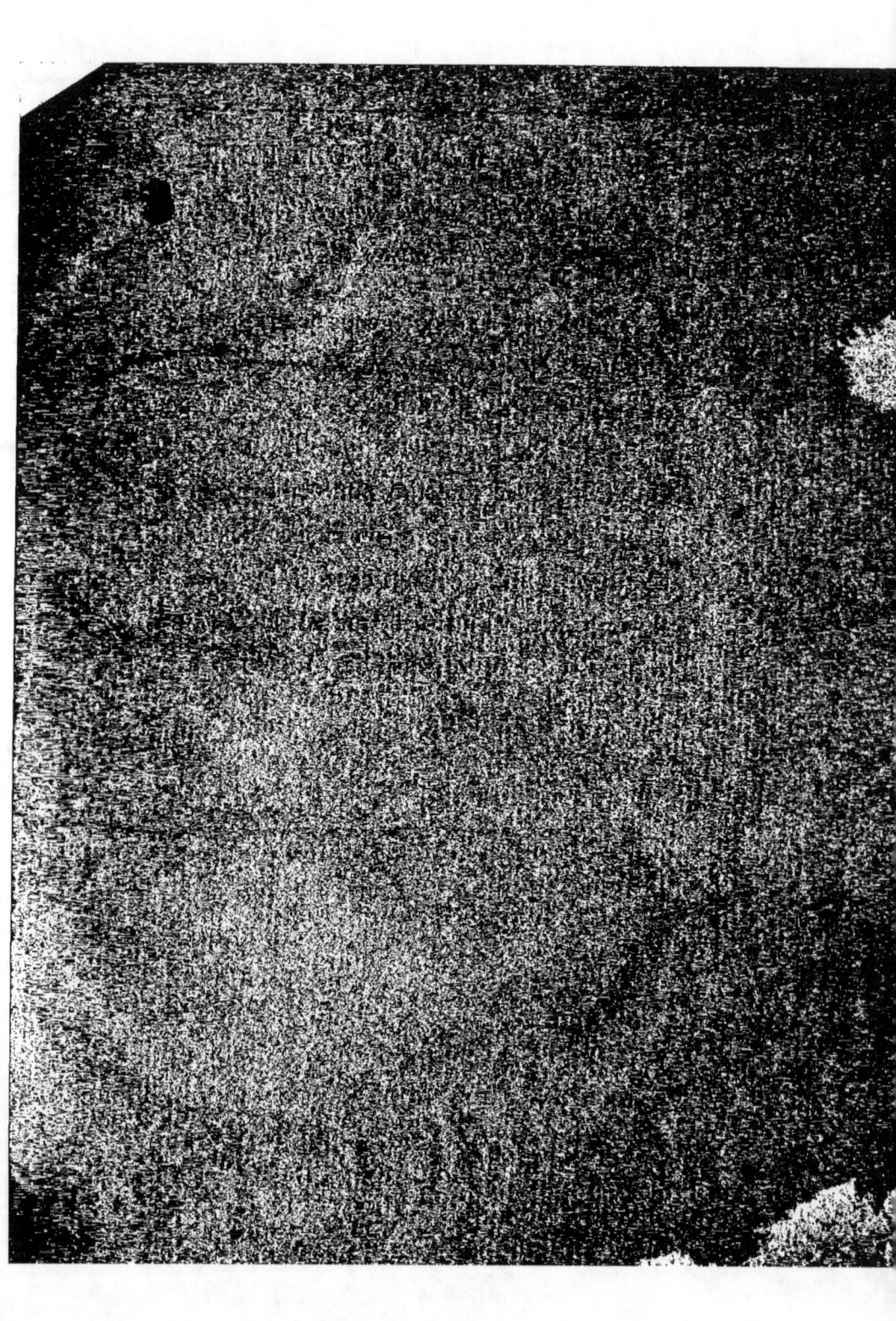

www.ingramcontent.com/pod-product-compliance
Lightning Source LLC
LaVergne TN
LVHW020045090426
835510LV00040B/1422